BEI GRIN MACHT SICH IHR WISSEN BEZAHLT

- Wir veröffentlichen Ihre Hausarbeit, Bachelor- und Masterarbeit

- Ihr eigenes eBook und Buch - weltweit in allen wichtigen Shops

- Verdienen Sie an jedem Verkauf

Jetzt bei www.GRIN.com hochladen und kostenlos publizieren

David Kunze

Ist der Abschuss eines von Terroristen entführten Passagierflugzeugs mit dem deutschen Grundgesetz zu vereinbaren?

Eine Betrachtung anhand des Textes

GRIN Verlag

Bibliografische Information der Deutschen Nationalbibliothek:

Die Deutsche Bibliothek verzeichnet diese Publikation in der Deutschen National-
bibliografie; detaillierte bibliografische Daten sind im Internet über ht:p://dnb.d-
nb.de/ abrufbar.

Impressum:

Copyright © 2013 GRIN Verlag GmbH
Druck und Bindung: Books on Demand GmbH, Norderstedt Germany
ISBN: 978-3-656-47921-5

Dieses Buch bei GRIN:

http://www.grin.com/de/e-book/230902/ist-der-abschuss-eines-von-terroristen-
entfuehrten-passagierflugzeugs-mit

GRIN - Your knowledge has value

Der GRIN Verlag publiziert seit 1998 wissenschaftliche Arbeiten von Studenten, Hochschullehrern und anderen Akademikern als eBook und gedrucktes Buch. Die Verlagswebsite www.grin.com ist die ideale Plattform zur Veröffentlichung von Hausarbeiten, Abschlussarbeiten, wissenschaftlichen Aufsätzen, Dissertationen und Fachbüchern.

Besuchen Sie uns im Internet:

http://www.grin.com/

http://www.facebook.com/grincom

http://www.twitter.com/grin_com

<u>Ist der Abschuss eines von Terroristen entführten Passagierflugzeugs mit dem deutschen Grundgesetz zu vereinbaren? – Eine Betrachtung anhand des Textes</u>

Ein ruhiger Tag. Eigentlich.
Bis zu dem Moment, als auf dem Radar der Flugsicherung ein Punkt auftaucht, der dort nicht hingehört. Ein Flugzeug mit Kurs Nord-Nord-Ost dringt von Süden her in den Überwachungsbereich ein. Die Maschine reagiert nicht auf Identifizierungsanfragen der Bodenstation. Als nach 2 Minuten noch immer nicht klar ist, um was für ein Objekt es sich handelt und wo es hinfliegt, greift das Protokoll für solche Situationen: In der Alarmrotte Neuburg an der Donau werden zwei F-4 Phantom Abfangjäger und zwei Eurofighter startklar gemacht. Nach wenigen Minuten steigen die vier Flugzeuge in die Luft und nehmen Kurs auf das unbekannte Flugobjekt.
Selbiges wird derweil weiterhin erfolglos angefunkt.
Als die Jäger das Flugzeug erreichen, können sie es schnell als A320-Passagierflugzeug identifizieren. Kurz darauf ist klar, dass das Flugzeug nicht aufgrund eines Fehlers vom seinem eigentlichen Kurs gen London abgekommen ist. Es wurde entführt.
Die Lage spitzt sich zu.
Derweil wird auf Al-Jazeera ein minderqualitatives Video einer Terrorgruppe ausgestrahlt, in dem diese sich zur Entführung einer Passagiermaschine bekennt und ankündigt, es in den Reichstag fliegen zu lassen. Wenn dieser evakuiert werde, suche man sich ein anderes Ziel. Die Botschaft endet mit dem islamischen Glaubensbekenntnis.
Nun ist die Lage klar, die Maschine ist ein Renegade. Das extra für diesen Fall nach dem 11. September eingerichtete Lage- und Führungszentrum für Sicherheit im Luftraum übernimmt die Kontrolle.
Dem Zentrum rennt die Zeit davon, in spätestens 10 Minuten wird sich das Flugzeug über dicht besiedeltem Gebiet befinden. In 15 erreicht es das Berliner Regierungsviertel. Keine 30 Sekunden Flugzeit weiter entfernt liegt der Berliner Hauptbahnhof, ein Verkehrsknotenpunkt, in dem sich um diese Tageszeit tausende Menschen aufhalten. Insgesamt halten sich im potentiellen Zielgebiet ca. 100.000 Menschen auf. Eine Evakuierung ist realistisch nicht mehr durchzuführen und allein der Versuch würde wohl eine Massenpanik auslösen.
Wie zu erwarten reagiert der Airbus weder auf weitere Versuche der Kontaktaufnahme noch auf abgegebene Warnschüsse. 5 Minuten noch. Will man handeln bleibt nur eine Option: Abschuss.

Wäre dieser in irgendeiner Weise zur rechtfertigenden? Ist es mit der Verfassung zu vereinbaren die Maschine abzuschießen, um potentiell Tausende zu retten? Ist das Recht auf Leben der Menschen im Zielgebiet nicht höher zu bewerten als das der Flugzeuginsassen? Sind sie nicht zum einen mehr und zum anderen werden die Passagiere nicht so oder so sterben? Darf der Staat seinen Bürgern das Recht auf Leben nehmen, um das der anderen zu schützen? Abschuss oder Abdrehen?
Zunächst stellt sich die Frage ob der Einsatz der Luftwaffe überhaupt zulässig ist. Dazu führt Artikel 35 Abs. 2 an, dass bei einem besonders schweren Unglücksfall, die Streitkräfte hinzugezogen werden. Es ist wohl legitim anzunehmen, dass ein solcher Fall bei einem derartigen Angriff definitiv vorliegt. Eine weitere Grundlage für den Einsatz bietet Artikel 91 Abs. 2. Wenn ein Bundesland nicht imstande ist eine Bedrohung abzuwehren, so ist der Einsatz der Bundeswehr rechtens. Davon ausgehend, dass die Polizeikräfte Berlins über keine Möglichkeit verfügen das Flugzeug selbst zu stoppen, wäre also auch auf dieser Grundlage ein Einsatz der Bundeswehr legitim. Prinzipiell billigt die Verfassung also den Einsatz der Luftwaffe in diesem Fall. Wirklich wichtig ist jedoch die Frage, ob diese auch

verfassungskonform einen Abschuss des Flugzeugs durchführen darf.

Bei dieser Frage ist zunächst zu klären, ob der Verteidigungsfall ausgerufen wurde. Tritt der Fall nach Artikel 115 in Kraft, übernimmt der Gemeinsame Ausschuss als Notparlament die Funktion der Legislative und der Oberbefehl über die Bundeswehr und damit auch der Luftwaffe wird an den Bundeskanzler übertragen. Wichtig ist jedoch, dass sich die BRD mit Eintreten des Falls automatisch im Kriegszustand befindet.[1]

Es ist denkbar, dass dieser nach Artikel 115a Absatz 4[2] eintritt. Spätestens nachdem das Bekennervideo ausgestrahlt wurde, kann es als sicher angenommen werden, dass die BRD mit Waffengewalt von außerhalb angegriffen wird. Ist der Verteidigungsfall nicht ausgerufen, so ist der Abschuss nach einem Urteil des Bundesverfassungsgerichts in jedem Fall unzulässig, wenn sich unbeteiligte Personen an Bord befinden.[3]

Betrachtet werden soll deshalb der Fall, dass der Verteidigungsfall ausgerufen wurde und ergo eine neue rechtliche Situation besteht, für die keine eindeutigen Vorgaben existieren. Gilt nun der Fall, so sind die Entführer als Kombattanten einer feindlichen Macht zu betrachten.[4] Daraus leitet sich noch nicht das Recht ab diese zu töten, jedenfalls kennt das Grundgesetz keine Möglichkeit das Recht auf Leben in irgendeiner Weise zu verwirken. In der Praxis werden feindliche Kombattanten in der Form von Taliban in Afghanistan jedoch immer wieder von Bundeswehrsoldaten getötet, ohne dass das rechtlich geahndet wird. Da sich die BRD im Krieg mit den Entführern befindet, ist eine ähnliche Situation wie in Afghanistan damit gegeben. Damit ist das Töten der Kombattanten zumindest nicht widerrechtlich.

Eine rechtliche Grundlage für diese Praxis ließe sich aus der Charta der Vereinten Nationen nach Art. 51, dem Recht auf Selbstverteidigung bei einem bewaffneten Angriff ableiten. Dieser ist im Falle eines bestätigten Renegades gegeben. Da die BRD die Charta unterzeichnet und ratifiziert hat, kann dieses Recht hier, da vom übergeordneten Grundgesetz keine Vorgaben gemacht werden als Rechtsgrundlage herangezogen werden. Der Abschuss und damit die Zerstörung des Flugzeugs, das seinen ursprünglichen Besitzern entwendet wurde, dessen Eigentum aber weiterhin nach Art. 14 Abs. 1 gesetzlich geschützt ist, kann nach Absatz 3 desselben Artikels gerechtfertigt werden. Bei angemessener Entschädigung ist nach diesem Absatz eine Enteignung zulässig[56], was den Staat zum alleinigen Eigentümer macht, der berechtigt ist selbiges zu zerstören. Damit wäre der Abschuss des Flugzeuges legitim bzw. zumindest nicht widerrechtlich, wenn sich nur Kombattanten an Bord des Flugzeugs befinden.

Davon ist im aktuellen Beispiel aber nur davon auszugehen, wenn sichergestellt werden kann, dass die Flugzeugentführer alle an Bord befindlichen Zivilisten bereits exekutiert haben. Ansonsten muss der Fall mit Zivilisten an Bord betrachtet werden.

Diese werden von den veränderten Umständen des Verteidigungsfalls nicht berührt und bleiben Non-Kombattanten. Damit sind ihre Würde nach Art. 1. Abs.1 sowie ihr Recht auf

---

[1] Abgeleitet aus Art. 115l.

[2] Wird das Bundesgebiet mit Waffengewalt angegriffen und sind die zuständigen Bundesorgane außerstande, sofort die Feststellung nach Absatz 1 Satz 1 zu treffen, so gilt diese Feststellung als getroffen und als zu dem Zeitpunkt verkündet in dem der Angriff begonnen hat. Der Bundespräsident gibt diesen Zeitpunkt bekannt, sobald die Umstände es zulassen.

[3] http://www.bundesverfassungsgericht.de/en/press/bvg05-101.html, Zugriff: 25.5.13

[4] Wenn gleich diese Macht aller Wahrscheinlichkeit nach kein Staat ist. Art. 115a verzichtet auf Vorgaben, die von angreifenden Elementen zu erfüllen sind, damit der Verteidigungsfall gilt.

[5] Die Enteignung wäre in dem Sinne zulässig, dass sie dem Wohle der Allgemeinheit dient, indem sie den Schaden durch den terroristischen Anschlag von ihr abwendet.

[6] Wenn der Verteidigungsfall gilt, kann die Entschädigung auch nach Art. 115c Abs.1 1. Vorläufig geregelt werden, damit gilt, was der Staat als angemessen definiert, für die Zeit des Verteidigungsfalls als angemessen.

Leben nach Art.2 Abs.2 weiterhin garantiert. Artikel 2 Absatz 2 lässt zwar Einschränkungen aufgrund eines Gesetzes zu, die Gesetzgebung für den Verteidigungsfall nimmt derlei Eingriffe allerdings nicht vor.[7] Damit haben die Insassen ein garantiertes Recht auf körperliche Unversehrtheit. Gleiches gilt allerdings auch für die potentiellen Opfer des Angriffs am Boden. Sie sind ebenfalls durch Artikel 1 und 2 geschützt. Hier stehen also zwei gleichwertige Rechte gegenüber. Man könnte jetzt meinen, dass es legitim wäre nun nach utilitaristischen Gesichtspunkten abzuwägen und die Entscheidung zu treffen, die das Recht der meisten auf körperliche Unversehrtheit, das zu schützen der Staat verpflichtet ist, wahrt. In die Kalkulation würde natürlich auch einfließen, dass das Recht auf Leben der Flugzeuginsassen ohnehin nicht zu garantieren ist. Sie werden in jedem Fall umkommen. Damit wäre es besser sie 15 Minuten eher sterben zu lassen und nicht von den Terroristen umbringen zu lassen, sondern sie durch eine staatliche Handlung zu exekutieren und so das Leben der anderen zu bewahren.

Diese Interpretation der Situation ist allerdings nach Artikel 1 Abs.1-3 unzulässig. Nach Absatz 1 ist es unzulässig Menschenleben gegeneinander aufzuwiegen, da es dem menschlichen Leben die Würde nimmt, die unantastbar ist. Die Individuen würden damit zu einem Objekt staatlichen Handelns, was mit der Würde unvereinbar ist. Weiterhin bekennt sich Absatz zwei zu den universalen Menschenrechten als unveräußerliche und unverletzliche Rechte. Zu diesen Menschenrechten gehört in jedem Fall das in Artikel 2 explizit angeführte Recht auf Leben. Damit wäre eine solche Abwägung ein Verstoß gegen diese Bestimmung. Die formulierten Rechte sind kategorisch und lassen kein Abwägen zu. Die eine Würde eines Einzelnen oder weniger Menschen kann unmöglich mit der der Vielen in Relation gesetzt werden. Diese kategorischen Bestimmungen verhindern auch eine Berufung auf einen übergesetzlichen Notstand, es dürfen schlicht nie Menschen gegen Menschen aufgewogen werden. Ein Abschuss wäre auch dann noch unzulässig, wenn alle zivilen Insassen einen Abschuss durch die Bundeswehr zugestimmt haben, weil die in Art. 1 Abs. 2 garantieren Menschenrechte als unveräußerlich definiert werden, damit kann man unmöglich von ihnen zurücktreten.

Auch eine Argumentation, die nicht Bezug auf die Menschen nimmt, sondern auf die FDGO an sich, ist unzulässig. Man könnte meinen, dass insbesondere ein Angriff auf das Gebäude eines Verfassungsorgans der BRD ein direkter Angriff auf die FDGO ist, was eine Argumentation über Artikel 20 Abs. 4[8], dem Widerstandsrecht eröffnet. Dieser Widerstand könnte sich dann im Abschuss des Flugzeuges manifestieren, um die FDGO zu schützen und sich mittels übergesetzlichen Notstand rechtlich legitimieren. Das ist allerdings unzulässig, weil durch den Abschuss die FDGO nicht vor Schaden bewahrt werden würde, sondern wie bereits erläutert wurde ein Verstoß gegen die in Artikel 1 garantierten Menschenrechte vorliegen würde, die definitiv für den Bestand der FDGO essentiell sind.[9] Eine solche Handlung würde also die FDGO zerstören, um sie vor Schaden zu bewahren.

---

[7] Wenn das der Fall wäre, könnten diese Eingriffe wohl kaum verfassungskonform soweit reichen, dass sie einen vorsätzlichen Entzug der Rechte durch den Staat bewirken würden. Vgl. Art. 1 Abs. 2

[8] (4) Gegen jeden, der es unternimmt, diese Ordnung zu beseitigen, haben alle Deutschen das Recht zum Widerstand, wenn andere Abhilfe nicht möglich ist.

[9] Vgl.: „Freiheitliche demokratische Grundordnung im Sinne des Art. 21 II GG ist eine Ordnung, die unter Ausschluss jeglicher Gewalt und Willkürherrschaft eine rechtsstaatliche Herrschaftsordnung auf der Grundlage der Selbstbestimmung des Volkes nach dem Willen der jeweiligen Mehrheit und der Freiheit und Gleichheit darstellt. Zu den grundlegenden Prinzipien dieser Ordnung sind mindestens zu rechnen: die Achtung vor den im Grundgesetz konkretisierten Menschenrechten, vor allem vor dem Recht der Persönlichkeit auf Leben und freie Entfaltung, die Volkssouveränität, die Gewaltenteilung, die Verantwortlichkeit der Regierung, die Gesetzmäßigkeit der Verwaltung, die Unabhängigkeit der Gerichte, das Mehrparteienprinzip und die Chancengleichheit für alle politischen Parteien mit dem Recht auf verfassungsmäßige Bildung und Ausübung einer Opposition." - – BVerfGE 2, 1, 12 1952.

Damit ist sie nicht haltbar. Es liegt auch kein übergesetzlich Notstand vor, weil durch Art. 79 Abs. 3 Artikel 1 und all seine Inhalte als unveränderlich definiert werden, damit liegt solange wie die FDGO existiert in diesem Punkt nie ein übergesetzlicher Notstand vor. Es besteht also niemals die Situation, dass es keine Handlungsvorgaben für diesen Fall gibt, weil Artikel 1 immer gilt und damit klar ist, dass ein Abschuss unzulässig ist. Der Notstand liegt erst dann vor, wenn die FDGO nicht mehr existiert, weil nur dann ein Wegfall von Artikel 1 denkbar ist, dann gibt es aber auch keine FDGO mehr nach Art 20 Abs. 4 zu verteidigen, was der Argumentation jede Grundlage nimmt.

Weiterhin stellt die Tötung zumindest von Zivilisten immer eine Einschränkung des Wesensgehalts von Artikel 2, dem Recht auf Leben dar. Das ist nach Artikel 19 Absatz 2 in keinem Fall zulässig.

Damit ist der Fall klar. Die Piloten, bzw. der Bundeskanzler hat keine Möglichkeit im Rahmen der Verfassung einen Abschuss des Flugzeugs zu befehlen oder auszuführen, wenn nicht mit absoluter Sicherheit klar ist, dass sich nur Kombattanten und keinerlei Zivilisten mehr an Bord der Maschine befinden. Keine der vorgestellten Argumentationsstränge hält einer eingehenden Überprüfung stand. Letztlich verstößt der Abschuss immer gegen Artikel 1 und 2 des Grundgesetzes. Damit bleibt dem Lagezentrum nichts anderes übrig als abzuwarten und zu hoffen, dass das Flugzeug vielleicht doch noch abgedrängt wird oder die Entführer einlenken und vom Anschlag absehen. Wenn andere Menschen, entgegen der FDGO handeln und das Recht auf Leben und Würde nicht achten, darf das keine Rechtfertigung für den Staat sein das gleiche zu tun.

Die Würde des Menschen ist unantastbar.

Die Flugzeuge drehen ab.

http://de.wikipedia.org/wiki/Luftsicherheitsgesetz
http://de.wikipedia.org/wiki/Bundeswehr
http://de.wikipedia.org/wiki/Verteidigungsfall_(Deutschland)
http://de.wikipedia.org/wiki/%C3%9Cbergesetzlicher_Notstand
http://www.gesetze-im-internet.de/gg/BJNR000010949.html#BJNR000010949BJNG000100314
http://www.spiegel.de/politik/deutschland/grundgesetz-aenderung-terrorangriff-in-der-grauzone-a-582734.html
Zugriff alle: 30.5.13